कल्पना की उड़ान
KALPANA

निखिल भारद्वाज

Made with ♥ on the Notion Press Platform
www.notionpress.com

MAHI PUBLICATION

present

कल्पना की उड़ान

लेखक

निखिल भारद्वाज

क्रम-सूची

क्रम-सूची

क्रम-सूची

क्रम-सूची

प्रस्तावना

Publisher

Mahi publication

Sohra (Ara)

Bihar-802316

Contact

Mo.no : 8770586380

WhatsApp : 9430808063

Email : nknikhilkumar92@gmail.com

Book editing and cover design by,

Nikhil bhardwaj & Azad ji

Copyright notice,

Price-151 rs

@ 2023 Nikhil Bhardwaj

भूमिका

About books (पुस्तक के बारे में)

कल्पना की उड़ान

हर इंसान को कल्पना करनी चाहिए। क्योंकि इंसान अगर कल्पना करेगा तो ही उसे पूरा करने की कोशिश करेगा और एक दिन उसे पा भी सकता है। कल्पना जीवन की निशानी है, जीवित इंसान ही कल्पना कर सकता है, कल्पना करके कुछ नया सृजन कर सकता है। और ये जरूरी नहीं कि हर कल्पना पूरी हो जाये, कुछ कल्पनाएं अधूरी भी रह जाती है मगर इंसान को कभी कभी टूटी हुई कल्पना के साथ भी जीना पड़ता है। बरसों पहले मैंने एक कल्पना की थी जो आज मेरी किताब कल्पना की उड़ान के रूप में आप लोगों के सामने है।आप यकीन मानिए मेरी किताब कल्पना की उड़ान पढ़कर आप लोगो को लगेगा कि कहीं ये मेरी कल्पना की उड़ान तो नहीं है।

लेखक

निखिल भारद्वाज

पावती (स्वीकृति)

Nikhil Bhardwaj

(writer)

writer

मैं निखिल भारद्वाज,मेरा जन्म मेरे घर सोहरा, जिला-भोजपुर (आरा) बिहार में हुआ।मेरा बचपन मेरे गांव में ही बीता। मेरी प्रारंभिक पढ़ाई गांव के ही सरकारी स्कूल से शुरू हुई। मुझे बचपन

से ही पढ़ने लिखने का बहुत शौक था।बचपन में मुझे नंदन, नन्हे सम्राट और चाचा चौधरी के कॉमिक्स पढ़ने की आदत लग गई थी, जो आगे चलकर जवानी में वेद प्रकाश शर्मा से शुरू होकर प्रेमचंद, धर्मवीर भारती आदि बहुत सारे उपन्यासकारों पर जाकर खत्म हुई,या यूं कहिए पढ़ने का शौक मुझे आज भी है। स्कूली पढ़ाई खत्म करने के बाद मेरा नामांकन मेरे शहर आरा के बहुत ही प्रतिष्ठित कॉलेज महाराजा कॉलेज में हुई। महाराजा कॉलेज वीर कुंवर सिंह विश्वविद्यालय के अन्तर्गत आने वाला एक चर्चित कॉलेज है जो शहर के बीचों बीच मौजूद हैं। यहां से स्नातक करने के बाद आगे की पढ़ाई करने के लिए मैं इन्दौर चला आया, यहां माखनलाल चतुर्वेदी पत्रकारिता विश्वविद्यालय के अंतर्गत आने वाली कॉलेज आई पी एस एकेडमी से बैचलर ऑफ जर्नलिज्म किया। आजकल फ्रीलांसिंग जर्नलिज्म करता हूं।पढ़ने लिखने में अभिरुचि रखता हूं।मेरा मानना है कि पढ़ने लिखने वाले इंसान औरों से अलग होते हैं,उनकी दुनिया अलग होती है,आप उन्हें अच्छे इंसानों में शुमार कर सकते हैं।हर इंसान को पढ़ने लिखने का शौक होनी चाहिए या कम से कम लिखना नहीं तो पढ़ने का शौक तो जरूर होनी चाहिए। इंसान अगर पढ़ने का शौक रखता है तो वो कल्पना कर सकता है और कल्पना करके कुछ नया सृजन कर सकता है।

आमुख

"घोषणा"

इस पुस्तक की सभी रचनाएं एवं कृतियां मूल रूप से लेखक की पूर्ण सहमति से ली गई है तथा लेखक के द्वारा इन रचनाओं को पूर्ण रूप से साहित्यिक एवं प्राकृतिक होने की पुष्टि की गई है।

इन रचनाओं में लेखक ने अपनी कल्पना एवं साहित्यिक विचारों को व्यक्त किया है जिसका किसी भी जाति समुदाय तथा मृत या जीवित व्यक्ति से संबंध नहीं होना चाहिए।इसे मूल रखने के लिए सभी ने कड़ी मेहनत की है। अगर हमारे ज्ञान से कुछ छूट गया है तो इसके लिए लेखक स्वयं उत्तरदाई है। इसमें प्रकाशन का कोई लेना देना नहीं है। हां प्रकाशन ये जिम्मेदारी लेता है कि इस पुस्तक में समाज के लिए कोई आपत्तिजनक या अश्लील सामग्री नहीं है। सभी प्रकार के परिवादों के लिए याचिका स्थानीय न्यायालय में विचाराधीन होगी।

लेखक एवं प्रकाशक

निखिल भारद्वाज

1. पूनम की रात,

पूनम की चांदनी रात है,
ना डरने की कोई बात है,
बहुत दूर है घर मेरा,
है चांद हमसफ़र मेरा,
हाथों में उसका हाथ रहे
जीवन भर उसका साथ रहे,
तो फिर मंजिल की परवाह किसे,
चलता रहे सफ़र मेरा,
है चांद हमसफ़र मेरा,
एक उमंग है मेरे दिल में,
एक जोश है एक जूनून भी,
नया नया सा लगता है,
आंखों का हर मंज़र मेरा,
है चांद हमसफ़र मेरा,
वो गलियां वो मकान नहीं,
पुराने कोई पहचान नहीं,
बदला बदला सा लगता है,
आजकल क्यों शहर मेरा,
है चांद हमसफ़र मेरा,

2. दिल में बस जाती

दिल में बस जाती है रात,
एक अधूरी कहानी लेकर,
आता हूं मैं उनसे मिलने,
उम्मीदों की विश्वास लिए,
लौट जाता हूं मैं अक्सर,
एक पुरानी निशानी लेकर,
सांसों पर पहरा है उनका,
दिल भी तन्हा तन्हा है,
सोचा था कि गम दे दूं उसको,
लौटा हूं नई परेशानी लेकर,
दिल में बस जाती है रात,
एक अधूरी कहानी लेकर,
अक्ल की बातें करने को मैं,
पहुंचा था उसके दर पर,
वो देख कर मुझको चौंक गए,
जैसे आया हूं कोई नादानी लेकर,
दिल में बस जाती है रात,
एक अधूरी कहानी लेकर,
जब तक कोई अफसाना ना हो,
जब दिल किसी का दिवाना ना हो,
ये जीना भी कोई जीना है,
क्या करूंगा जवानी लेकर,
दिल में बस जाती है रात,

3. दिल को तेरी आदत है,

तेरी सांसों में बस जाना,
तेरी यादों में खो जाना,
मुझे तुमसे मोहब्बत है,
दिल को तेरी आदत है,
तेरी होंठों को चूम लेना,
तेरी बाहों में झूम लेना,
ये सब मेरी शरारत है,
दिल को तेरी आदत है,
मेरी आंखों का बहार है तू,
मेरी जीवन का सुकून करार है तू,
तेरे सपने मुझे रातों को आते हैं
तू मेरी सांसों की सोहबत है,
दिल को तेरी आदत है,
मुझे और किसी से प्यार नहीं,
तुझे ना देखूं तो करार नहीं,
तू मेरी बेचैनी में शामिल,
तू मेरी चाहत मेरी उल्फत हैं,
दिल को तेरी आदत है,
मेरी जीवन मेरी संसार हैं तू,
मेरी खुशियों का बहार है तू
तू मेरी धड़कन में शामिल,
तू मेरी जरूरत है,
दिल को तेरी आदत है

4. कौन यहां सुखी है,

किसी को मोहब्बत का है गम,
किसी की आंखों में नमी है,
कौन यहां सुखी है,
किसको नहीं कमी है,
कोई तन्हा जी रहा है,
कोई दर्द पी रहा है,
कल उसको भी गम में देखा,
जो हंस के जी रहा है,
किसी को दौलत का है ग़म,
किसी का खाने वाला है कम,
कोई दौड़ते दौड़ते हारा,
किसी की रफ़्तार ही थमी है
कौन यहां सुखी है,
किसको नहीं कमी है,
कोई अपनों से है परेशान
किसी की मुश्किल में है जान,
हर लोग यहां दुखी हैं,
सबके चेहरे पर यहां,,
दुखों की परत सी जमी है,
किसी को मोहब्बत का है ग़म,
किसी की आंखों में नमी है,
कौन यहां सुखी है,
किसको नहीं कमी है,,

5. अकेले कहीं पर,

मैं अकेले कहीं पर चला जा रहा था
इस दुनिया ने मुझको हंस के पुकारा,
हमें जीत जाने का कोई शौक नहीं,,
पर ग़म की हालातों से मैं नहीं कभी हारा,
मैं गम की तूफ़ानों से लड़ता रहा,
ठोकर खाकर भी मैं सम्भलता रहा,
एक पल के लिए मैं भी घबरा गया,
फिर भी मुश्किल हालातों से टकरा गया,
सारे गम को मैंने ठोकर से मारा,,
इस दुनिया ने मुझको हंस कर पूकारा,,
मैं अकेले कहीं पर चला जा रहा था
गर मिल जाए किसी रोज़ मुद्दत के बाद,
ना बोलूंगा मैं तुमसे वादा रहा,
तुम ऐसे गुजरना जैसे हम है अजनबी,
मैं भी होंठों पर अपने नाम न लाऊंगा तुम्हारा,,
इस दुनिया ने मुझको हंस कर पूकारा,

6. केवल तुम हो,

इस दिल की दुनिया में केवल तुम हो,
जिस तरह से मैं तेरी मोहब्बत में उलझा हूं
उसी तरह से तुम भी मेरी चाहत में गुम हो,
निगाहें पूर्व हो पश्चिम, उत्तर हो या दक्षिण,
हर जगह मेरे दीवानेपन की वजह तुम हो,
तुम्हें चाहता हूं टूट के इस क़दर से,
कि हर खेल में हर रेल में दिखाई देते हो तुम,
मेरे सपनों में खोए खोए रहने की वजह तुम हो,
इस दिल की दुनिया में केवल तुम हो,,
आजकल कहीं दिल लगता नहीं मेरा,
मेरी किताबों में,मेरी ख्वाबों में दिखाई देते हो,
मेरे दिमाग में खालीपन की वजह तुम हो,,
तुम्हें ना देखूं तो मुझे आता नहीं चैन,
दिन रात तेरे ही सपने क्यों देखे मेरे नैन,
मेरी बेचैनी मेरे पागलपन की वजह तुम हो,
इस दिल की दुनिया में केवल तुम हो,

7. तुम्हारे शहर ने ,

तुम्हारे शहर ने मुझे बदनाम कर दिया,
अपने इश्क के चर्चे अब सरेआम कर दिया,
कल तक तो था, मैं बड़ा काम का आदमी,
आज मुझे मेरे दिल ने बेकाम कर दिया,
हर जुबान पर थी मेरी मोहब्बत की ही बातें,
तेरी बेरुखी ने मुझे अब गुमनाम कर दिया है,
मुद्दत बाद वो मेरी महफ़िल में आए थे,
देख कर मुझे वो थोड़ी मुस्कुराए थे,
मैं उनको देख कर देर तक सोचता रहा,
मेरी जिद ने मेरा क्या अंजाम कर दिया है,
उम्मीद थी मुझे किसी दिन मिल जाएगी सुबह,
किस्मत ने मेरी जिंदगी का शाम कर दिया है,
ना है कोई शिकवा ना ही गम है कोई निखिल,
आदत सी हो गई है अब ना टूटता है दिल,
लोग भूलेंगे कैसे मेरा नाम दुनिया से,
इस उम्र में ही मैंने ऐसा कुछ काम कर दिया है,
तुम्हारे शहर ने मुझे बहुत बदनाम कर दिया है,
अपने इश्क के चर्चे अब सरेआम कर दिया है,
रोज़ लिखता रहूंगा तुम पर कई अफसाने नये,
रोज़ लेते रहेंगे जन्म तेरे कई दिवाने नये,
मैं तो जा ही रहा था इस उजड़े गुलशन से,
कोई आया और चुपके से कान कह गया मुझसे,
ठहर जा,अभी आने वाले है बहुत नज़राने नये,

रोज़ लिखता रहूंगा तुम पर अफसाने नये,,
बात मुद्दत की है सब भुला दिया होगा उसने,
अब बसने लगी है आंखों में सपने सुहाने नये,
रोज़ लिखता रहूंगा तुम पर कई अफसाने नये,
फुर्सत में किसी रोज़ हमसे मिलना कभी,
सुनाएंगे इश्क के किस्से तुम्हें कई पुराने नये,
रोज़ लिखता रहूंगा तुम पर कई अफसाने नये,
टूट जाऊंगा उसके इश्क में सब सोचते हैं लोग,
रोज़ आते हैं कई लोग हमें आजमाने नये,
रोज़ लिखता रहूंगा तुम पर कई अफसाने नये,
रोज़ लेते रहेंगे जन्म तेरे कई दिवाने नये,,,

8. अफसाने नये,

रोज़ लिखता रहूंगा तुम पर कई अफसाने नये,
रोज़ लेते रहेंगे जन्म तेरे कई दिवाने नये,
मैं तो जा ही रहा था इस उजड़े गुलशन से,
कोई आया और चुपके से कान कह गया मुझसे,
ठहर जा,अभी आने वाले है बहुत नज़राने नये,
रोज़ लिखता रहूंगा तुम पर अफसाने नये,,
बात मुद्दत की है सब भुला दिया होगा उसने,
अब बसने लगी है आंखों में सपने सुहाने नये,
रोज़ लिखता रहूंगा तुम पर कई अफसाने नये,
फुर्सत में किसी रोज़ हमसे मिलना कभी,
सुनाएंगे इश्क के किस्से तुम्हें कई पुराने नये,
रोज़ लिखता रहूंगा तुम पर कई अफसाने नये,
टूट जाऊंगा उसके इश्क में सब सोचते हैं लोग,
रोज़ आते हैं कई लोग हमें आजमाने नये,
रोज़ लिखता रहूंगा तुम पर कई अफसाने नये,
रोज़ लेते रहेंगे जन्म तेरे कई दिवाने नये,,,

9. यादें तंग करती है,

टूटा हूं अपनी उम्मीदों से,
ये जिंदगी जंग करती है,
भूलूंगा मैं कैसे उसको,
उसकी यादें तंग करती है,
तन्हा रहूं या महफ़िल में,
रहते हैं वो मेरे दिल में,
बिछड़ गए हैं वो मुझसे,
पर सपने संग करती है,
भूलूंगा मैं कैसे उसको,
उसकी यादें तंग करती है,
वो बीते कल याद है मुझको,
खोये रहते थे वो मेरे ख्वाबों में,
वो गुज़रा लम्हा याद है मुझको,
हम रहते थे उनके किताबों में,
आयेंगे कभी मुझसे मिलने,
दिल में ये उम्मीदें उमंग भरती है,
भूलूंगा मैं कैसे उसको,
उसकी यादें तंग करती है,
मुद्दत बाद मिले वो मुझसे,
पर मुझको ना पहचान सके,
बाल बिखरे, उतरा चेहरा,
हालत ना मेरी वो जांन सके,
पर शायद उन्हें थी खबर,

मुझे देखकर यूं मुस्कुराए है,
उनकी मुस्कुराहट अब भी मेरे,
जीवन में रंग भरती है,
भूलूंगा मैं कैसे उसको,
उसकी यादें तंग करती है,,

10. ग़ज़ल ने जीने ,

दिल को भी जीने का सलीका नहीं आया,
ग़ज़ल ने इसको जीने का सहारा दे दिया,
इसे तलाश थी थोड़ी सी खुशियां,,,,
किस्मत ने इसे गम भी तुम्हारा दे दिया,
ठोकर खाकर संभला हूं एक बार मुश्किल से,
तुम्हारी मोहब्बत ने फिर से दर्द दुबारा दे दिया,,
ग़ज़ल ने दिल को जीने का सहारा दे दिया,,,
मुझे भ्रम था कि वो अब भी मेरी मोहब्बत में है,
काजल,बिन्दिया, कंगन मेहन्दी उसने इशारा दे दिया,
ग़ज़ल ने दिल को जीने का सहारा दे दिया,
आजकल दिल भी नहीं लगता मेरा कहीं,
मस्ती, महफ़िल भटकना और मचलना,
उसने शहर को एक नया आवारा दे दिया,
ग़ज़ल ने दिल को जीने का सहारा दे दिया,,
खुशबू,सावन, उपवन, मधुवन, सबके सब है जीवन में
कुदरत ने भी कुछ हमको रंगीन नजारा दे दिया,
ग़ज़ल ने दिल को जीने का सहारा दे दिया,,,

11. किस्मत,

कितनी बार लड़ूं किस्मत से,
क्या कोई हमें बतलाएगा,,
टूट कर बिखरू कितनी बार मैं,
क्या कोई हमें समझाएगा,
तूफ़ानों से उलझू कब तक,
हालातों से डरू मैं कब तक,
कितनी बार मैं दर्द से गुजरू,
क्या कोई हमें बतलाएगा,,
ठोकर खाकर कब तक संभालूं,
आखिर कोई तो मंजिल होंगी,
लहरों से मैं कब तक उलझू,
क्या कोई हमें बतलाएगा,
कितनी बार लड़ूं किस्मत से,
क्या कोई हमें समझाएगा,
अंधेरे में कब तक भटकूं,
कभी तो रोशनी मिलेगी मुझको,
कब तक मैं गम में तड़पू,
क्या कोई हमें बतलाएगा,
कितनी बार लड़ूं किस्मत से,
क्या कोई हमें समझाएगा,,

12. वो मेरी जिंदगी,

वो मेरी जिंदगी में आये कभी,
सूरत बदल बदल कर,,
उसने दे दिया मुझे धोखा,
जिसे हमने सिखाया था कभी,
चलना संभल संभल कर,
वो प्यार की तरह आये कभी,
मेरे संसार की तरह आये कभी,
आज चले गये है वो हमसे दूर,
रह गए मेरे अरमां मचल मचल कर,
वो मेरी जिंदगी में आये कभी,
सूरत बदल बदल कर,,
उसके कदमों के निशान,
अब भी है मेरे दिल में,
मुझे संग दौड़ने की थी ख्वाहिश,
उसने छोड़ दिया मुझे पीछे,
अपने कदमों से टहल टहल कर,
वो मेरी जिंदगी में आये कभी,
सूरत बदल बदल कर,,

13. तेरी एक मुस्कुराहट से,

खिल उठते हैं दिल के फूल,
धुल जाते हैं मन के धूल,
दूर हो जाते हैं जीवन के शूल,
तेरी एक मुस्कुराहट से,
मचल उठते हैं दिल के अरमान,
हो जाती है उमंगे जवान,
गम हो जाते है अन्जान,
तेरी एक मुस्कुराहट से,,
बहक जाते मेरी ग़ज़लों के तहरीर,
महक उठती है मेरी तस्वीर,
हल हो जाते है मामले गंभीर,
तेरी एक मुस्कुराहट से,
जीवन के कुछ अनसुलझे सवाल,
मेरी ज़िन्दगी का हर बवाल,
किसी का रहता नहीं मलाल,
तेरी एक मुस्कुराहट से,

14. गीन कर बताऊं क्या,

टूटे हैं कितने अरमां मैं गीन गीन कर बताऊं क्या

ज़ख्म कितने हैं मेरे दिल पे,दिल चीर कर दिखाऊ क्या,

गुज़रे हैं कई दौर से उस हादसे के बाद,

दर्द के सारे अफसाने मैं पढ़ कर दुनिया को सुनाऊं क्या

टूटे हैं कितने अरमां मैं गीन गीन कर बताऊं क्या,

उन हसरतों की उम्र में कुछ ख्वाब पाले थे,

गम की अन्धेरी रात में भी कुछ उजाले थे,

कट जायेगी ये सफर मैं कोई ग़ज़ल गुनगुनाऊं क्या,,

टूटे हैं कितने अरमां मैं गीन गीन कर बताऊं क्या,

रोक सकेगी कहा इस दुनिया की दिवारे मुझे,

रोक सकेगी कहा इस दुनिया की रस्मों रिवाज मुझे,

तू इशारा तो कर, मैं तुझसे मिलने आऊ क्या,

टूटे हैं कितने अरमां मैं गीन गीन कर बताऊं क्या

15. पिता ,

पिता वट वृक्ष की तरह छाये रहते हैं,
मेरी ज़िन्दगी की धूप पर,
मैं मन मस्त मगन इठलाता हूं उनकी छांवों में,
पिता फेंक आते हैं मेरे गम को अंधेरे कुएं में,
मैं खुशी के गीत गाता हूं इन मस्त फिजाओं में,
पिता से भी बड़ा मैं बन जाऊं ये चाहते हैं वो,
वो शामिल रहते हैं मेरी हर जीत की दुआओं में,
पिता के रहते मुझे कोई गम छू नहीं सकता,
मेरी खुशी के लिए भटकते रहते हैं जलती सेहराओं में,
पिता है तो ये सारी दुनिया है मेरे कदमों में,
पिता के जेब में गर पैसे हो तो बाजार के सारे खिलौने मेरे
हैं,
फूल ही फूल खिले रहते हैं मेरे जीवन के बहारों में,
पिता है तो जिन्दा है हर उम्मीद मेरी,
पिता चट्टानों की तरह अड़ जाते हैं मेरी मुश्किल में,
मैं खुल कर मुस्कुराता हूं इन मस्त हवाओं में,
पिता वट वृक्ष की तरह छाये रहते हैं,
मेरी ज़िन्दगी के धूप पर,,,
मैं मन मस्त मगन इठलाता हूं उनकी छांवों में,,

16. दौर,

जिस दौर से गुज़रे हम,
तुम गुजरते तो ठहर जाते,
गर्दिश में भी जिंदा रखा है खुद को,
तुम होते तो यकीनन मर जाते,
हमें गम नहीं है रूसवाई का,
हमें आदत सी हैं तन्हाई का,
जिस माहौल से गुज़रे हैं,
तुम गुजरते तो डर जाते,
हर तूफान से निकले हैं,
हर पहचान से निकले हैं,
जिस नाकामी से गुज़रे हम,
तुम गुजरते तो किधर जाते,
जिस दौर से गुज़रे हम,
तुम गुजरते तो ठहर जाते,
कई सपने टूटे मेरे,
फिर भी नहीं मैं टूटा,
कई बार मेरे किस्मत ने,
धोखे से मुझे लूटा,
जिस आग से गुज़रे हम,
तुम होते तो लहर जाते,
जिस दौर से गुज़रे हम,
तुम गुजरते तो ठहर जाते,,

17. निभाना चाहता हूं,

हर ग़म से टकराना चाहता हूं,
तू नफरत कर मैं निभाना चाहता हूं,
पुरानी इश्क को भुलाना चाहता हूं,
तू दूर जा मैं खुद को आजमाना चाहता हूं,
हर आंसू को मिटाना चाहता हूं,
तू मोहब्बत कर मैं मुस्कुराना चाहता हूं,
कुछ अफसाने सुनाना चाहता हूं,
तू ग़ज़लें लिख मैं गुनगुनाना चाहता हूं,
हर ग़म से टकराना चाहता हूं,
तू नफरत कर मैं निभाना चाहता हूं,
जरूरत है हमें भी संग रहने की,
हर उल्फत को मिटाना चाहता हूं,
तू बुला मुझे मैं पास आना चाहता हूं,
हर ग़म से टकराना चाहता हूं,
तू नफरत कर मैं निभाना चाहता हूं,,

18. ये जिंदगी,

जरा जरा सी ये जिंदगी,
कट रही है तेरी पनाहो में,
जरा जरा सी ये ख़ुशी,
मिल रही है तेरी बाहों में,
जरा जरा सा जी रहे हैं,
हम भी उसकी याद में,
ज़रा ज़रा सी शामिल हैं वो,
मेरी हर फरियाद में,
जरा जरा सी ये दिल्लगी,
कर रहे हैं तेरी आंहो में,
जरा जरा सी ये जिंदगी,
कट रही है तेरी बाहों में,
ज़रा ज़रा सी हैं मोहब्बत उनसे
हैं जरा जरा सी नफरत भी,
जरा जरा सी ये नशा,
छा रही है तेरी निगाहों में,
ज़रा ज़रा सी हम कभी,
खो गये है तेरी सांसों में,
जरा जरा सी ये मुफलिसी,
कट रही है तेरी दुआओं में,
जरा जरा सी ये जिंदगी,
कट रही है तेरी पनाहों में,,

19. ना फिर कभी

ना फिर कभी मुस्कुराएंगे,
गर तुमसे दूर चले जाएंगे,
कदम मेरे लडखडाएंगे,
गर तेरा साथ नहीं पाएंगे,
ना फिर कभी दिल लगाएंगे,
गर इस क़दर टूट जाएंगे,
ना फिर कभी गीत गाएंगे,
गर तेरी यादों पर न छाएंगे,
ना फिर कभी जीत पाएंगे,
गर इस बार हार कर जायेंगे,
ना फिर कभी सर झुकाएंगे,
गर तुम्हारा प्यार नहीं पाएंगे,
ना फिर कभी गुनगुनाएंगे,
गर तुम संग ना गीत गाओगे,
ना फिर कभी मुस्कुराएंगे,
गर तुमसे दूर चले जाएंगे,,

20. गांव मेरा

गांव मेरा बहुत याद आया है आज,

शहर की बेचैनी ने बहुत सताया है आज,

आज बैठा हूं मैं छत की मुँडेर पर,

गांव की खलिहानों ने मुझको बुलाया है आज,

गांव मेरा बहुत याद आया है आज,

मैं शहर में भटकता रहा रात दिन,

ना मिल सका मुझे सुकून के कोई पलक्षिण,

मैं राजा था अपने गांव की गलियों का कभी,

इस शहर ने भिखारी बनाया है आज,

गांव मेरा बहुत याद आया है आज,,

शहर ने मुझे जिंदा रखा मगर,

ज़िन्दगी मेरी रहती है मेरे गांव में,

मैं शहर की बेचैनियों से बचता रहा,

शहर ने मुझको बहुत रुलाया है आज,

गांव मेरा बहुत याद आया है आज,

एक हारा हुआ परिंदा हूं मैं,

कुछ उम्मीदों पर अब तक जिंदा हूं मैं,

ठोकर खाकर बताऊंगा मैं एक दिन,

इस शहर ने कितना लड़खड़ाया है आज,

गांव मेरा बहुत याद आया है आज,,

21. मासूम सा सवाल मेरा,

बाल बिखरे उतरा चेहरा,
दिल पर हैं कोई ज़ख्म सा गहरा,
मुश्किल में है क्या हाल तेरा,
इक मासूम सा सवाल मेरा,
ख़ामोशी का दौर लगता है,
दिल में कोई और लगता है,
कब कोई बाहर निकला है,
चक्रव्यूह सा है जाल तेरा,
इक मासूम सा सवाल मेरा,
महफ़िल से खाली जाना है,
ना गीत ना कोई अफसाना है,
ये जो गुनगुनाते हुए रहते हो
क्या है कोई नया चाल तेरा,
इक मासूम सा सवाल मेरा,,
धड़कन तेजी से मचले है,
मन रह रह कर भी बदले है,
कभी ग़म ख़ुशी में उलझे मन,
रोज़ नया नया है बवाल तेरा,
इक मासूम सा सवाल मेरा,,

22. ख्वाब से जुदा हो गया,

जब कदम उनके आसमां पर हो,
और खुद से ख़ुदा हो गया,
अब आती नहीं है उसकी याद,
वो मेरे ख्वाब से जुदा हो गया,,
जब रिश्तों में अन्तर्मन ना मिले,
और खुशियों में जीवन ना मिले,
लेकर मेरा वो चैन करार ,
मेरी दुनिया से गुमशुदा हो गया,
अब आती नहीं है उसकी याद,
वो मेरे ख्वाबों से जुदा हो गया,
जहां मेरे नाम की रुसवाई हो,
मेरे जीवन की जग हंसाई हो
जिस महफ़िल में मेरी बुराई हो,
उस महफ़िल में वो मौजूदा हो गया,
अब आती नहीं है उसकी याद,
वो मेरे ख्वाबों से जुदा हो गया,,
रहता है अब वो भी गुमसुम सा
जाने क्या उलझन उसे सताती है,
खोया रहता है किसी के ख्यालों में,
जब से वो शादीशुदा हो गया,
अब आती नहीं है उसकी याद,
वो मेरे ख्वाबों से जुदा हो ग

23. बात जरा सी थी,

वो रूठ कर बैठे हैं,
मुझसे कई जमाने से,
ये उनको भी है खबर,
की बात जरा सी थी,
मैं सोचूं वो पूछेंगे,
हाल मेरे दिल का,
वो समझे दूर करेंगे,
मेरी तन्हाई महफ़िल का,
मिट सका ना फासला,
हमारे उनके बीच का,
बस दूरी जरा सी थी,
ये उनको भी है खबर,
की बात जरा सी थी,
इस आस में बैठा हूं,
मान जायेंगे वो किसी रोज़,
इस उम्मीद में बैठे वो,
मैं मना लूंगा उन्हें किसी रोज़,
उन्हें मुझसे कहने का,
मुझे उनसे कहने का,
ना हौसला जरा सी थी,
ये उनको भी है खबर,
की बात जरा सी थी,,

24. तुमने कब चाहा,,

मेरे होंठों पर मुस्कान हो,
मेरे दिल में कुछ अरमान हो,
मैं उड़ जाऊं उन्मुक्त गगन में,
तुमने कब चाहा,,
तेरे सपनों से आजाद रहूं,
घूंट घूंट कर कोई ग़म ना सहूं,
ना बांध सके मुझको कोई ग़म,
तुमने कब चाहा,,
मेरे सपने तेरे सपने हो,
मेरे अपने तेरे अपने हो,
ना शिकवा हो तुझे जमाने से,
मैं दूर रहूं हर अगन से,
तुमने कब चाहा,,
मुझमें कोई उम्मीद जगे,
मुझे दुनिया की परवाह ना हो,
मुक्त रहूं मैं हर बाधाओं से,
ना मुझमें किसी चाहत का लगन हो,
तुमने कब चाहा,,

25. जो तेरे दिल में है,

प्रकृति के खूबसूरत नजारों को,
दिल की रंगीन दीवारों को,
इन मस्त हसीन बहारों को,,
तू वो लिख जो तेरे दिल में है,
उठती गिरती हुई धड़कन को,
बरसती रिमझिम सावन को,
तेरे दिल में खिलते उपवन को,
तू वो लिख जो तेरे दिल में है,
समंदर में छुपे हुए मोती को,
जीवन सुख की ज्योति को,
भूखे हुए मन की रोटी को,
तू वो लिख जो तेरे दिल में है,
आशा, उमंग और उम्मीद को,
चांद सितारों की दीद को,
खुशियों वालो की नसीब को,
तू वो लिख जो तेरे दिल में है,
इन बच्चों की मुस्कान को,
उफनते हुए हर तूफान को,
तेरे दिल के सब अरमान को
तू वो लिख जो तेरे दिल में है,

26. दुनिया किराये का घर,

ये दुनिया किराये का घर है,

इसे छोड़कर एक दिन जाना पड़ेगा,

यहां मिलते हैं कई अजनबी,

सबसे रिश्ता बनाना पड़ेगा,

यहां हर मोड़ पर जिंदगी जंग है,

यहां हर लोग का एक अलग रंग हैं,

ये दुनिया उम्मीदों का शहर है,

इसमें बस्ती बसाना पड़ेगा,

यहां खुशियां भी है यहां आंसू भी है,

यहां चाहत भी है यहां जुस्तजू भी है,

ये दुनिया समंदर का लहर है,

इसे पार कर सबको जाना पड़ेगा,

ये दुनिया किराये का घर है,

इसे छोड़कर एक दिन जाना पड़ेगा,

यहां टूटते हैं दिल यहां मिलते है दिल,

यहां जलती है शमा यहां लगती है महफ़िल,

स्थाई कुछ भी नहीं सब पहर दोपहर,

हर बाधाओं को तोड़ सबको आना पड़ेगा,

ये दुनिया किराये का घर है,

इसे छोड़कर एक दिन जाना पड़ेगा,,

27. रात के हमसफर,

रात के हमसफर,चलना है तो चल,
सुबह के लौ फटने तक,
रात के हमसफर,चलना है तो चल,
खुशियों के सूरज निकलने तक,
रात के हमसफर, चलना है तो चल,
गम को खुशी में बदलने तक,
रात के हमसफर चलना है तो चल,
गिर कर मुझको संभलने तक,
रात के हमसफर चलना है तो चल,
अरमान मेरे मचलने तक,
रात के हमसफर चलना है तो चल,
दुखों के दर्द ढलने तक,
रात के हमसफर चलना है तो चल,
मेरे बाहों में मचलने तक,
रात के हमसफर चलना है तो चल,
सुबह की सूरज निकलने तक,

28. मेरी याद आएगी,

यादों को तुम भुलाओगे,
मेरी याद आएगी,
जब कोई गीत गुनगुनाओगे,
मेरी याद आएगी,
फूल खुशबू और ये ज़िंदगी,
तुम कभी भी मुस्कुराओगे,
मेरी याद आएगी,
यादों को तुम भुलाओगे,
मेरी याद आएगी,
ठोकर पत्थर और बेबसी,
तुम गिर कर लडखडाओगे,
मेरी याद आएगी,
तुम मुझसे दूर कभी जाओगे,
मेरी याद आएगी,
तुम गम में डूबे जाओगे,
मेरी याद आएगी,
प्यार, वफ़ा और गुलशन,
कभी किस्सा कोई सुनाओगे,
मेरी याद आएगी,

29. उसे सोचता ही रहा,

मुस्कुरा कर उसने जो देखा मुझे,
मैं देर तक उसे सोचता ही रहा,
वो जो पल दो पल मैं उनकी आंखों में था,
देर तक मैं उनमें डूबता ही रहा,
वो जो कहते थे तुम मेरी धड़कन में हो,
खुशबू बनकर उनकी दामन में महकता ही रहा,
मुस्कुरा कर उसने जो देखा मुझे,
मैं देर तक उसे सोचता ही रहा,
मन के मंदिर में मेरे वो बैठे हुए है,
मानकर देवता उनको पुजता ही रहा,
बनकर बादल वो सेहराओं में भटकते रहे,
अपनी महफ़िल में मैं उनको ढूंढता ही रहा,
वो जो अरमानों पर मेरे छाए हुए हैं,
ज़िन्दगी को मोहब्बत बनाए हुए है,
कह रहे है कि मैं उनकी ग़ज़लों में हूं,
वो गुनगुनाता रहा मैं सुनता ही रहा,
मुस्कुरा कर उसने जो देखा मुझे,
मैं देर तक उसे सोचता ही रहा,,

30. किताब लिखूंगा,

मैंने कहा था कि तुमपे किताब लिखूंगा,

तुम्हारे सारे सवालों का मैं जवाब लिखूंगा,

आज उलझे हैं हम तुम अपनी उलझनों से ही,

मैं खुद को कांटा तुम्हें खूबसूरत गुलाब लिखूंगा,

तुम्हारे सारे सवालों का मैं जवाब लिखूंगा,,

कब मिले थे कहां बिछड़े थे मुझे याद है अब भी,

तेरी सांसों की वो महक मुझे याद है अब भी,

मैं उस दौर के हर एक किस्सा जनाब लिखूंगा,

तुम्हारे सारे सवालों का मैं जवाब लिखूंगा,

तन्हाई के इस दौर में मैं दूर कहीं हूं,

तुम और कहीं हो मैं और कहीं हूं,

तुम अब भी मेरे हो मैं ये ख्वाब लिखूंगा,

तुम्हारे सारे सवालों का मैं जवाब लिखूंगा,

तुम्हारी शहर की गलियां मुझे अब भी बुलाती है,

पर तेरी रुसवाई का भी डर मुझको सताती है,

पर तुम ना ये समझना कि तुम्हें रुसवा करूंगा,

मैं जब भी लिखूंगा तुम्हें लाजवाब लिखूंगा,

तुम्हारे सारे सवालों का मैं जवाब लिखूंगा,,,

31. तन्हाई,

मेरे मानस पटल पर जब भी उभरती है ये तन्हाई,
ले जाती है मुझे यादों के कारवां के करीब,
कभी हम चले थे मिलकर साथ वो पल याद आते है,
याद आती है कभी खुशी के सागर में डूबे थे हम,
खो जाया करते थे हम सपने सुहाने लिए तेरे आंचल में,
मेरे मानस पटल पर जब भी उभरती है ये तन्हाई,
पल पल बेताब होकर छू लेना चाहता हूं जलते हुए दीपक को,
ज़िन्दगी हमसे दूर रही है उस पतंगें की अरमान की तरह,
जो जलकर खाक हो जाता है दीपक को गले लगाने की ख्वाहिश लिए हुए,
तन्हाइयों का पंख जब भी लगाया हैं मैंने,
उड़ कर जब भी जाना चाहा है बुलंदियों पर,
हद में रख लेती है मुझे किसी के कुछ अनसुलझे सवाल,
काश मिटा लेता में खुद को तेरी आकांक्षाओं पर,
तन्हाई में जब भी मैंने कदम बढ़ाया है तेरी तरफ़,
दुनिया के इस रस्म रिवाज़ों से बंधे पाया है मैंने खुद को,
और सोचता रहा काश ये तन्हाई ना होती,
या इस दुनिया के रस्मों रिवाज ना होती,

32. तेरी ज़रूरत है,

आंखों में तुम रहते हो,
दिल में भी तेरी सूरत है,
तुम्हें पाने की है तमन्ना,
दिल को तेरी ज़रूरत है,
तेरा चांद सा रौशन चेहरा है,
तेरे बाल का रंग सुनहरा हैं,
तू परियों सी खूबसूरत है,
दिल को तेरी ज़रूरत है,
तू सांसों की सरगम है,
तेरी आंखों से मेरी जीवन है,
तू प्यार की एक मूरत है,
दिल को तेरी ज़रूरत है,
मेरे इश्क का चाहे तो गवाही दे लो,
तुझपे ही मैं मरता हूं,
मानो या ना तुम मानो,
यही सच है यही हकीकत है,
दिल को तेरी ज़रूरत है

33. मुस्कुराते क्यों नहीं,

बुझी हुई उम्मीदों को,
फिर से जगाते क्यों नहीं,
इस जिंदगी के भागदौड़ में,
तुम मुस्कुराते क्यों नहीं,
एक बार की हार से डर कर बैठे हो,
लोग गिरते हैं सम्भलते है,
अपनी टूटी हुई किस्मत को,
फिर से आजमाते क्यों नहीं,
इस जिंदगी की भागदौड़ में,
तुम मुस्कुराते क्यों नहीं,
किस सोच में बैठे हो,
क्या ग़म तुम्हें पहुंचा है,
ख़ामोशी के इस दौर में,
तुम दुनिया से दिल लगाते क्यों नहीं,
जो होना है वो होगा ही,
तुम डर कर ना भागो,
जीवन के हर ग़म से,
तुम निकल जाते क्यों नहीं,
ज़िन्दगी के इस भागदौड़ में,
तुम मुस्कुराते क्यों नहीं,

34. तेरी मासूमियत,

तेरी मासूमियत,
धरा की अंकूर की तरह,
कोमल निर्मल पावन है,
तेरी मासूमियत,
जलती दोपहर में भी,
शीतलता प्रदान करती सावन है,
तेरी मासूमियत,
मन को तृप्त करती,
बेचैनी के इस दौर में भी,
दिल को सुकून देती मनभावन है,
तेरी मासूमियत,
जीने की उम्मीद भरती,
एक खूबसूरत एहसास भरती,
मेरा सब कुछ मेरी जीवन है,
तेरी मासूमियत,
धरा की अंकूर की तरह पावन है,

35. जीवन संगीत है,

तेरी सांसों की सरगम,
मेरी जीवन संगीत है,
सब कुछ तुम मेरा ले लो,
मेरी हार ही मेरी जीत है,
कभी खोना है कभी पाना है,
कभी मिलना है कभी जाना है,
परिवर्तन ही इस दुनिया की रीत है,
सब कुछ तुम मेरा ले लो,
मेरी हार ही मेरी जीत है,
तुम दूर कभी हो जाओ,
हम जी लेंगे तेरी ख्वाबों में,
मुझे फिक्र नहीं दुनिया की,
मेरा मन ही मेरी मीत है,
सब कुछ तुम मेरा ले लो,
मेरी हार ही मेरी जीत है,
कुछ और नहीं अब कहना,
तेरे दिल में है अब रहना,
अब जाऊंगा कहां। बिछड़ कर तुमसे,
तुम मेरी मोहब्बत हो तुमसे ही प्रीत है,
सब कुछ तुम मेरा ले लो,
मेरी हार ही मेरी जीत है,,

36. अपना कहते हो,

मेरे दिल में रहते हो,
मेरी सांसों में बसते हो,
अच्छा लगता है जब,
तुम मुझे अपना कहते हो,
मुझे मोहब्बत है तुमसे,
मेरी खुशियां तुम तक है,
मेरी जीने की कला तुम हो,
मेरी हर उम्मीदें तुम तक है,
अच्छा लगता है जब,
तुम मेरे धड़कन में रहते हो,
तुमसे ही शुरू होती है,
होती है तुमपे खत्म,
तेरा मेरा साथ रहे,
मैं ये चाहूं जन्म जन्म,
अच्छा लगता है जब,
तुम मेरे मन में रहते हो,
अब कोई नहीं है और,
मेरे दिल के किसी कोने में,
मिलती है खुशी मुझको,जब,
तुम मुझे अपना कहते हो,

37. कवि,

दिल की झंझावात से शब्दों की मोती निकाल लाना,
आसान नहीं होता किसी का कवि बन जाना,
दिल में जज़्बातों का तूफान लानी होती है,
कलम की सुखती स्याही से ही ज्ञान लानी होती है,
सुलझती उलझती ख्वाबों में अक्सर ही खोये रहना,
आसान नहीं होता किसी का कवि बन जाना,
तन्हाई की गहराइयों में उतरकर ख्यालात लानी होती है,
अपनी जिंदगी से ही नये सवालात लानी होती है,
टूट कर बिखरना और बिखर कर भी मुस्कुराना,
आसान नहीं होता किसी का कवि बन जाना,
दिल में दर्द का सागर रखनी होती है,
आंखों में उमंगों की उम्मीद रखनी होती है,
कभी खामोश रहना तो कभी ख़ामोशी में ही गुनगुनाना,
आसान नहीं होता है किसी का कवि बन जाना,
कभी लापरवाह सा रहना, कभी बेपरवाह सा जीना,
कभी टूट कर चाहना कभी सब कुछ भूल जाना,
आसान नहीं होता है किसी का कवि बन जाना,

38. तेरे मेरे संग करार,

वो जो तेरे मेरे संग करार था,
मैंने कब कहा था कि तुमसे प्यार था,
मेरी आंखों को तुम पढ़ ना सके,
मेरी जज़्बातों को तुम समझ ना सके,
मुझे आज भी इन्कार है मुझे कल भी इन्कार था,
वो जो तेरे मेरे संग करार था,
हम बैठे हैं उसी मोड़ पर,
जहां चल दिए थे तुम मुझे छोड़कर,
सुना है कि ये दुनिया गोल है,
और तुम यहां आओगे कभी ना कभी,
मुझे आज भी इन्तजार है मुझे कल भी इन्तजार था,
वो जो तेरे मेरे संग करार था,
बात मुद्दत की हो गई है,
तुम्हें याद नहीं है कुछ भी अब,
आओगे तुम मुझसे मिलने,
मेरे घर की तुम दहलीज पर,
मुझे आज भी ऐतबार है मुझे कल भी ऐतबार था,
वो जो तेरे मेरे संग करार था,,,

39. शायर,

लापरवाह सा रहना,
बेपरवाह सा जीना,
यहीं तो है शायर बन जाना,
कभी गम में रहना,
कभी खुलकर मुस्कुराना,
यहीं तो है शायर बन जाना,
जज्बात में बहना,
ख्यालात में रहना,
कभी उदास रहना,
तो कभी गुनगुनाना,
यहीं तो है शायर बन जाना,
कभी दिल लगाना,
कभी रुठ जाना,
यहीं तो है शायर बन जाना,
कभी पत्थर से टकराना,
कभी सम्भल जाना,
यहीं तो है शायर बन जाना,,

40. गुम रहते हो,

देख रहा हूं तुझको कल से,
खोये खोये तुम रहते हो,
तन्हा तन्हा क्यों रहते हो,
किसकी याद में गुम रहते हो,
चेहरे पर एक उदासी सी है,
आंखें भी कुछ प्यासी सी है,
देख रहा हूं तुझको कल से,
उलझे उलझे तुम रहते हो,
तन्हा तन्हा क्यों रहते हो,
किसकी याद में गुम रहते हो,
होंठों में आवाज दबी है,
दिल में भी कोई राज दबी है,
ज़हर ना बन जाए चुप रहना,
देख रहा हूं तुझको कल से,
ख़ामोशी में तुम रहते हो,
तन्हा तन्हा क्यों रहते हो,
किसकी याद में गुम रहते हो,
दर्द दबाकर रहोगे कब तक,
गम को छुपाकर रखोगे कब तक,
देख रहा हूं तुझको कल से,
छुप छुप कर तुम रहते हो,
तन्हा तन्हा क्यों रहते हो,
किसकी याद में गुम रहते हो,

41. संभल कर,

जीवन के सफ़र पे,
रिश्तों के डगर पे,
कदम हमारे क्यों लड़खड़ा गए,
चले तो थे हम संभल कर,
उम्मीद भी टूट गई,
मेरी हर जिद भी छुट गई,
अरमां हमारे क्यों बिखर गए,
लड़े तो थे हम संभल कर,
खुशियों की कोई आस नहीं,
जीवन में कुछ खास नहीं,
गिरेंगे, उठेंगे कब तक,
चले तो थे हम सम्भल कर
अब दिल में कोई उमंग नहीं,
सपनों में भी कोई रंग नहीं,
सपने क्यों हमारे टूट गये,
देखें तो थे हमने जी भरकर,
जीवन के सफ़र पे,
रिश्तों के डगर पे,
कदम हमारे क्यों लड़खड़ा गए,
चले तो थे हम सम्भल कर,
44,

42. आजमाने के लिए,

भूल जाना इस जहां को किसी के लिए,
ये अच्छी बात नहीं है जीवन के गम भुलाने के लिए,
दिल तोड़ दे मेरा ये जरूरी तो नहीं था,
कई और भी रास्ते थे मुझे आजमाने के लिए
जब से देखा है उसने मुझे मुस्कुराते हुए,
ढूंढते रहता है कोई ना कोई बहाना मुझे सताने के लिए,
मुझे जरूरत है उनकी सहारे की ये वो जानते है मगर,
छोड़ दिया है सफ़र में मुझे अकेला लड़खड़ाने के लिए,
मेरे हक़ में कोई फैसला आता कैसे साहब,
मेरा क़ातिल ही बैठा है मेरा फैसला सुनाने के लिए,
हम हार कर बैठ जायेंगे उसे लगता है शायद यही,
वो नहीं है तो क्या यहां है कई हौसला बढ़ाने के लिए,
अब जो आ चुके है हम अपने मंजिल के करीब,
वो कह रहे हैं मुझे लौट कर जाने के लिए,
एक वो ही नहीं है जमाने में मोहब्बत के लिए निखिल,
कई लोग है इस दुनिया में दिल लगाने के लिए,,

43. ग़ज़ल

इक सवाल है ज़िन्दगी,
सुलझ जाये तो उसे हल कहते है,
हसीन वादियां हो और खुशियों का शहर हो,
गुज़र जाये मौसम तो उसे कल कहते हैं,
कभी टपकता है आंखों से, कभी पी लेते हैं प्यार से,
उसे ही कभी आंसू तो कभी जल कहते है,
सफ़र जिनकी सड़कों से शुरू होती है,
वो अपनी झोपड़ी को ही महल कहते है,
अक्सर ही बात आ जाती है रामसेतु की,
मिट जाते है लोग ना मोहब्बत मिटती है,
कुछ खास होते है जो एक अलग ही पहल करते है,
हंसी और गम का संगम है ये जीवन,
मिलती आई है शायद और आगे भी मिलेगी,
हम ही नहीं सब के सब ज़िन्दगी को,
एक खूबसूरत ग़ज़ल कहते हैं,,

44. ज़ख्म,

कौन गिने,थे कितने ज़ख्म,
है मेरे दिल के कोने कोने में,
ना जाने कितने बरस लगेंगे,
मेरे सपनों को हकीकत होने में,
बहुत चले अनजाने पथ पर,
ना मंजिल का कोई ठिकाना मिला,
कौन गिने, थे दर्द कितने,
सफ़र के तन्हा तन्हा होने में,
कौन गिने थे कितने ज़ख्म,
है मेरे दिल के कोने कोने में,
दर्द भी मेरे दिल में,
इक तन्हाई सी महफ़िल में है,
कौन गिने थे कितने अरमां,
मेरे दिल के कोने कोने में,
आ जाना तुम मुझसे मिलने,
बे मौसम बरसातों में,
मेरे दिल के ख्वाब तड़पे,
इन अधूरी रातों में,
कौन गिने थे उलझन कितने,
मेरे धड़कन मेरे सीने में,

45. बचपन के दिन,

वो संग बिताए बचपन के दिन,
तुम आना तो साथ ले आना,
वो खिलौने के संग बातें करना,
चंचलता से मेरे मन में रहना,
वो मेरे संग प्यार जताना,
तुम आना तो साथ ले आना,
मुझसे लड़ना मुझसे झगड़ना,
मेरे पीछे पीछे दौड़ना,
मुझको ना देखो तो आहें भरना,
मुझे देखकर तेरा मुस्कुराना,
तुम आना तो साथ ले आना,
जब तुम मुझसे रूठा करती,
तब तुम मेरे दिल में रहती,
मेरी खुशी के लिए अक्सर,
तेरा जीत कर भी हार जाना,
तुम आना तो साथ ले आना,
वो आँख मिचौली में छुप जाना,
मेरा तुझको बाहों में भर लेना,
झुठमूठ का तेरा गुस्सा हो जाना,
वो संग बिताए बचपन के दिन,
तुम आना तो साथ ले आना,

46. बचपन,

ना फिक्र जमाने की,ना गम का फसाना था,
बचपन के दिन यारों बहुत ही सुहाना था,
ना गमे मोहब्बत थी,ना दिल किसी का दीवाना था,
मां का प्यार ही दुनिया भर का खजाना था,
बारिश के मौसम में खुशियों का तराना था,
कागज की कश्ती थी,मिट्टी का आशियाना था,
बचपन के दिन यारों बहुत ही सुहाना था,
रोने की वजह ना थी,ना हंसने का बहाना था,
ना दोस्त की चिंता थी ना दुश्मन ही बनाना था,
बचपन के दिन यारों बहुत ही सुहाना था,
ना कल की परवाह थी ना आज का ठिकाना था,
खुशियां ही खुशियां थी ना गम का बहाना था,
बचपन के दिन यारों बहुत ही सुहाना था,
रूठना था,मनाना था,तितली भी उडाना था,
सबके सब अपने थे ना कोई बेगाना था,
बचपन के दिन यारों बहुत ही सुहाना था,
बरसात के पानी में अपनी नाव चलाना था,
चील उड़ी,कौआ उड़ी, घोड़े भी उड़ाना था,
बचपन के दिन यारों बहुत ही सुहाना था,

47. मिठास ,

मेरे दिल को तुम्हारे आसपास रहने दो,
अपने रिश्तों में थोड़ी मिठास रहने दो,
अक्सर खफा खफा सा क्यों रहते हो,
खुद भी मुस्कुराओ और ना मुझे उदास रहने दो,
मुकम्मल हो गये हो तुम,ये सुना है हमने,
अपने जीवन में कुछ तो तलाश रहने दो,
मुझे पता है कि तुम दूर हो गये हो मुझसे,
पर मेरी आंखों में तुम्हारी प्यास रहने दो,
दिल टूटा है मगर नाउम्मीद नहीं है,
मिलोगी कभी मुझसे इस उम्मीद की आस रहने दो,
भूला दिया हैं तुमने मुझे ये अलग बात है,
अपने रिश्तों में मेरे लिए कुछ तो खास रहने दो,
इस तरह भला कैसे कटेगी उम्र अपनी,
हमारे हिस्से में भी कुछ तो आकाश रहने दो,
तेरी बेरुखी मुझे मार ना डालें कहीं,
मेरे जिस्म में कुछ तो सांस रहने दो,,

48. ज़िन्दगी के पल,

किश्तों में कट रहे हैं मेरे ज़िन्दगी के पल,
दिल उम्मीद से था मगर आंसू निकल पड़े,
ठहरा हुआ है मेरा हर वक्त का लम्हा,
आंखें जम सी गई मगर कदम चल पड़े,
सांसों पर पहरा लगाया है हालात ने,
गिरने को थे मगर गिरकर संभल पड़े
दिल खुश तो हुआ मगर आंसू निकल पड़े,
इक उम्र गुज़र गयी इंतज़ार में मेरी,
हर बार बिखर गए मेरे हसरतें दिल की,
आरमान तो थे हजारों,मगर सारे जल पड़े,
दिल खुश तो हुआ मगर आंसू निकल पड़े,
सोचता हूं मैं कैसे जी रहा हूं मैं,
आंसुओं को अपने खुद ही पी रहा हूं मैं,
जो पास थे मेरे वो भी निकल पड़े,
किश्तों में कट रहे है मेरे जिंदगी के पल,
दिल उम्मीद से था मगर आंसू निकल पड़े,

49. शहर

थके थके से हैं मगर चल रहे हैं लोग,

तेरे शहर की ख़ामोशी से जल रहे हैं लोग,

कहने को तो है यहां प्यार हर दिल में,

मगर नफरतों के भीड़ में यहां पल रहे हैं लोग,

सुबह शाम शहर में रहती भागमभाग,

एक दुसरे की होड़ से निकल रहे हैं लोग,

मिलती हैं यहां आंखें मिलते नहीं है दिल,

पल पल यहां शहर में बदल रहे हैं लोग,

कौन यहां सुखी है किसी को नहीं खबर,

कई उम्मीद लेकर आंखों में मचल रहे हैं लोग,

कमाने की होड़ में खुद की रहती नहीं खबर,

स्वास्थ्य के लिए सुबह शाम टहल रहे हैं लोग,

शहर की जिंदगी में है उदासियां बहुत,

ख़ुशी की आस में गिरकर संभल रहे हैं लोग,

गांव के चौपाल छोड़ शहर में जा बसे,

हर गली में ठोकर खाकर उछल रहे हैं लोग,

50. जरूरत,

जरूरतों से हो रही है इंसान की पहचान,
औकात हमारी आजकल बाजार लिख रहे हैं,
लोग जी रहे है पालकर बेरुखी का दौर,
मिल रही है दर्द हम कहां प्यार लिख रहे है,
बैठेंगे कब तलक हम उसके इंतजार में,
बेचैनी को भी आजकल इंतजार लिख रहे है,
औकात हमारी आजकल बाजार लिख रहे हैं,
दिल की हसरतें पूरी होती नहीं सभी की,
उम्मीदों को भी हम बेकरार लिख रहे हैं,
तक गये है लोग मगर चल रहे हैं फिर भी,
ज़िन्दगी के जंग में हम खुद हार लिख रहे हैं,
औकात हमारी आजकल बाजार लिख रहे हैं,
खुद पर शुरू हुई और खुद पर हुई खत्म,
इस छोटी सी दुनिया को ही हम संसार लिख रहे हैं,
कट जायेगी उम्र उसे याद करके निखिल,
मुझे उससे प्यार था हम इकरार लिख रहे हैं,
जरूरतों से हो रही है इंसान की पहचान,
औकात हमारी आजकल बाजार लिख रहे हैं,
53,,

51. मेरे हर ख्याल,

मेरे हर ख्वाब हर ख्याल सही निकलें,

तुम अब भी वहीं के वहीं निकले,

तरस गई है तुझे देखने के लिए मेरी आंखें,

एक मुद्दत हुई तुम घर से नहीं निकलें,

सुन लेता हूं मैं अक्सर तेरी दिल की सदा,

सुन लेंगे तेरी आंखों से जो अनकही निकलें,

मेरे हर ख्वाब हर ख्याल सही निकलें ,

तेरी मर्जी है मुझे छोड़ो या मार डालो,

मेरी दिल्लगी का कोई तो मंज़र मेरे सामने डालो,

तुम्हारे हाथों से ही मेरे गुनाहों का बही निकले,

मेरे हर ख्वाब हर ख्याल सही निकलें

तेरी जुल्फों पर कभी लिखे थे कई ग़ज़लें

आज बादल बनकर वो बरसते हुए यहीं निकलें

मेरे हर ख्वाब हर ख्याल सही निकलें,,

तुम अब भी वही के वहीं निकले,,

52. मुद्दत,

एक मुद्दत से थी तलाश शायद तुम वही हो,

मेरी ज़िन्दगी में आकर तुम खुशबू की तरह बिखर जाना,

ख्यालों अब तुम हो ये तुमको भी है खबर,

ख्यालों में मुझको लाकर तुम सारी हद से गुजर जाना,

हंसी तुम्हारे चेहरे की कम ना हो कभी भी,

मेरे पहलू में आकर तुम और भी संवर जाना,

खूबसूरत हो तुम दिल से ये मुझे भी है खबर,

मेरी ग़ज़लों में अक्सर तुम ही नजर आना,

मेरी आंखें देखती है बस सपने अब तुम्हारे,

जब दिल तुम्हारा मचले मेरा नाम लेकर,

तस्वीर मेरा लेकर यूं ही आईने से गुजर जाना,

जो हाल है तुम्हारा उसी हाल में हम भी,

कुछ वक्त की है बात फिर मेरे दिल में ठहर जाना,

एक मुद्दत से थी तलाश शायद तुम वही हो,

मेरी ज़िन्दगी में आकर तुम खुशबू की तरह बिखर जाना,

55,

53. तेरा ध्यान रहा,

उलझा रहा मैं उलझनों में,
डूबा रहा मैं कई गमों में,
पर ओठों पर मुस्कान रहा,
फिर भी तेरा ध्यान रहा,
डिगा नहीं मैं जज्बातों से,
मिटा नहीं मैं हालातों से,
चाहे कितनी भी तूफान रहा,
फिर भी तेरा ध्यान रहा,
टूट के बिखरा कई बार मैं,
तपकर निखरा कई बार मैं,
मुश्किल में मेरी जान रहा,
फिर भी तेरा ध्यान रहा,
मुद्दत से कोई बात नहीं,
सितारों सी कोई रात नहीं,
एक धूमिल सी पहचान रहा,
फिर भी तेरा ध्यान रहा,,,,,

54. चाँद से पूछ लो,,

तुम कितनी खूबसूरत हो,
तुम मेरी जरूरत हो,
ये चाँद से पूछ लो,,
तेरी आंखें झील सी हैं,
तेरा चेहरा है कंवल,
जिसे गुनगुनाता हूं मैं अक्सर,
तुम हो वो प्यारी ग़ज़ल,
तुम प्यार की एक मूरत हो,
ये चाँद से पूछ लो,
चंदन सा हैं तेरा बदन,
चंचल चितवन हैं तेरा मन,
तुम खिलखिलाती हो ऐसे,
जैसे हो खिलता उपवन,
तुम ज़िन्दगी, तुम मेरी मोहब्बत हो,
ये चाँद से पूछ लो,
मेरी जीवन की हो सार तुम,
मेरी जीत मेरी हार तुम,
तुम ही मेरी इबादत हो,
ये चाँद से पूछ लो,,,,,,,,,

55. अब भी बाकी हैं,,

तेरी सांसों की वो खुश्बू,
तुझे पाने की वो जुस्तजू,
मेरे दिल के कोने में,
अब भी बाकी हैं,,,,,
तेरी ख़त के वो तहरीर,
तेरी धुन्धली सी वो तस्वीर,
तेरी चाहत तेरे अरमान,
मेरे दिल के कोने में,
अब भी बाकी हैं,,,,,
वो खुबसूरत हसीन रातें,
तुझसे की लम्बी-लम्बी बातें,
वो अधूरे पुराने ख्वाब,
मेरे दिल के कोने में,
अब भी बाकी हैं,,,,
शहर की तेरी गलियां,
जहां मिलते थे हम-तुम,
वो सिनेमा हॉल वो दुकान,
वो पुराने सब निशान,
मेरे दिल के कोने में
अब भी बाकी हैं,

56. जीवन के सफ़र में,

जीवन के सफ़र में,
रिश्तों के डगर में,
गिरना है सम्भलना हैं,
तुम्हारे साथ चलना हैं,,
रहें कभी दूर हम तुमसे,
रहो कभी दूर तुम हमसे,
एक दुजे के ख्वाबों में,
जलना है मचलना हैं,
तुम्हारे साथ चलना हैं,,
तुम्हारे ख्वाब है मेरे,
मेरी उम्मीद तुम पर हैं,
हूं मैं इश्क तेरा तो,
मेरी हर ज़िद तुम पर हैं,
गमों के दौर में भी हमको,
डरना हैं ना टलना हैं,
तुम्हारे साथ चलना हैं,,,
तुम्हारे गम की राहों में
मैं आ जाऊंगा बाधा बनकर,
तुम्हारी खुशियों के खातिर,
जीना हैं और मरना हैं,
तुम्हारे साथ चलना हैं,,,

57. ज़िन्दगी को सँभालें रखना,

ज्वलंत मुद्दों पर बात के लिए,
जलती हुई जज्बात के लिए,
ज़िन्दगी को सँभालें रखना,
इक कठिन हालात के लिए,,,
चांदनी चौकस रात के लिए,
हमारे तुम्हारे साथ के लिए,
खुशियों की बारात के लिए,
ज़िन्दगी को संभालें रखना,
इक कठिन हालात के लिए,
उम्मीदों के हाथ के लिए,
सुन्दर स्वप्न की याद के लिए,
इक हसीन ख्यालात के लिए,
ज़िन्दगी को संभालें रखना,
इक कठिन हालात के लिए,
टूटे हुए लमहात के लिए,
करने निखिल से घात के लिए,
आऊंगा मैं तुमसे मिलने,,
ज़िन्दगी को सँभालें रखना,
अपनी आखिरी मुलाकात के लिए

58. मां

मेरी मां की दुआओं का रहता हैं मुझ पर असर,

मैंने मां से ज्यादा कहीं प्यार नहीं पाया,

मेरी आंखों को अक्सर पढ़ लेती हैं मेरी मां,

मैंने मां बड़ा कोई संसार नहीं पाया,

मैंने मां से ज्यादा कहीं प्यार नहीं पाया,

हर ज़िद मेरी मानी,माफ किया हर नादानी,

मैंने मां की अहसासों में कहीं इनकार नहीं पाया,

मैंने मां से ज्यादा कहीं प्यार नहीं पाया,,

मेरे छोटे से गम से भी डर जाती हैं मेरी मां,

मेरी खुशियों के लिए तूफानों से लड़ जाती है मेरी मां,

मैंने मां से ज्यादा कहीं ऐतबार नहीं पाया,,

मैंने मां से ज्यादा कहीं प्यार नहीं पाया,

ममता भरी आंचल में जब मुझे सुलाती हैं,

मेरी नादानियों पर भी वो प्यार जतातीं हैं,

मैंने मां से ज्यादा कहीं प्यार नहीं पाया,,,

एक मां ही है दुनिया में जो अहसासों को समझ लेती हैं,

अपने दुःख सहकर भी बच्चों को दुआ देती हैं,

मैंने मां से ज्यादा कहीं आभार नहीं पाया,,

मैंने मां से ज्यादा कहीं प्यार नहीं पाया,,

59. शाम सुहानी हो जाये,

ये शाम सुहानी हो जाये,
कुछ बात पुरानी हो जाये,
बहुत हुई है अक्ल की बातें
अब कुछ नादानी हो जाये,
ये शाम सुहानी हो जाये,,
ये रात दिवानी हो जाये,
हर उम्र जवानी हो जाये,
कुछ ऐसा कर डाले हम-तुम,
एक अमिट कहानी हो जाये
ये शाम सुहानी हो जाये,,,,
नदियों में रवानी हो जाये,
दरिया तूफानी हो जाये,
खो जाये तेरी सांसों में हम,
और ये दुनिया बेगानी हो जाये
ये शाम सुहानी हो जाये,,,
तू मेरी रानी हो जाये,
ये जहर भी पानी हो जाये,
कल की बातें कल पे छोड़ें,
चाहे ये खत्म जिंदगानी हो जाये,,
ये शाम सुहानी हो जाये,,
कुछ बात पुरानी हो जाये,

60. असफलता,

टूट गये जज्बात तो क्या,
रूठ गये हालात तो क्या,
तुम रूक कर खड़े क्यों हो,
असफलता से डरें क्यों हो,
दर्द भी पा कर बढ़े चलो तुम,
गम में भी मुस्कुरा कर बढ़े चलो तुम,
ठोकर खा कर अड़े क्यों हो,
असफलता से डरें क्यों हो,
गम की रातें कितनी लम्बी,
आगे दिन का उजाला है,
बढ़े चलो तुम सब ठुकरा कर,
तुम दुनिया से लड़े क्यों हो,
असफलता से डरें क्यों हो,,

61. अब जाना चाहिए,

होने लगी है शाम
उठ गई महफ़िल तमाम,
अब जाना चाहिए मुझे,,
रात भी अब सो गई,
बात भी सब हो गई,
खत्म हो गये सब काम,
अब जाना चाहिए मुझे,
नाम मेरा लेकर लोग,
कर रहे थे उनकी बात,
चल दिया मैं उठकर,
कहीं हो न जाए वो बदनाम,
अब जाना चाहिए मुझे,,
मेरी मोहब्बत का नशा,
अब उन्हें चढ़ता नहीं,
खत्म हो गये सब जाम,
उठ गई महफ़िल तमाम,
अब जाना चाहिए मुझे,,

62. जवाब लिख दूं क्या,

अपने इश्क पर एक किताब लिख दूं क्या,

तुम्हारे सारे सवालों का मैं जवाब लिख दूं क्या,

महकती खुशबूओं का सिलसिला चलतीं रहें ताउम्र,

तुम्हारी जिंदगी को मैं गुलाब लिख दूं क्या,

तुम्हारे सारे सवालों का मैं ज़बाब लिख दूं क्या,,

गुज़रे हैं कई दौर से उस हादसे के बाद,

भूल गई हो तुम पर मुझे सब है याद,

कल्पना करके पल-पल का मैं हिसाब लिख दूं क्या,

तुम्हारे सारे सवालों का मैं ज़बाब लिख दूं क्या,,

हकीकत तुझे भी है पता और मुझे भी है खबर,

छुप गये हो कहां आजकल आते नहीं नजर,

तुम मेरे हो इक पल के लिए, ये ख्वाब लिख दूं क्या,

तुम्हारे सारे सवालों का मैं ज़बाब लिख दूं क्या,

अजीब बात है मैं बहकने लगता हूं बिन पिए,

अब तुम्हीं बताओ कैसे कोई जिये,,

तुम्हारे होठों को मैं शबाब लिख दूं क्या,,

तुम्हारे सारे सवालों का मैं ज़बाब लिख दूं क्या,

मेरे हाथ में हो कलम तो मैं कुछ भी लिख सकता हूं,

तुम कहो तो अपने हर किस्से मै जनाब लिख दूं क्या,,

अपने इश्क पर एक किताब लिख दूं क्या,,

63. किस चीज की कमी है,

बिखरी हुई है जुल्फे,
उतरा हुआ है चेहरा,
आंखों में भी नमी है,
किस चीज की कमी है,
थककर हारे लगते हो,
बिन सहारे लगते हो,
जो बीत गई वो बात गई ,
जीवन की रफ़्तार क्यों थमी है,
किस चीज की कमी है,,
आंखों में कुछ शिकवा है,
होंठ भी चुप सा रहता है,
सांसें भी थमी है,
किस चीज की कमी है,
धून्ध छंटेगी ज़िन्दगी की,
मन से हटा दो तुम गमों को,
परत जो तुम्हारे दिल पर हैं
वो परत अब तक क्यों जमी है,
किस चीज की कमी है,,

64. कल्पना की उड़ान,

सागर की गहराई है,
आकाश की असीम ऊंचाई है,
यहां गम है न थकान हैं,
ये कल्पना की उड़ान है,
पुरानी यादों की वो गांव है,
बूढ़े पीपल की वो छांव है,
बनते बिगड़ते खेल है,
दोस्तों का वो मेल है,
पाना यहां मुश्किल नहीं,
यहां सब कुछ आसान है,
ये कल्पना की उड़ान है,
जोश भी है एक जुनून भी है,
बेचैनी है एक सुकून भी है,
मचलते हुए सुलगते हुए,
यहां दिल के कई अरमान है,
ये कल्पना की उड़ान है,
कभी जोर से हंसना है
कभी जोर से गाना है,
दिल उनकी मोहब्बत का,
अब भी दिवाना है,
यहां अपना अलग हैं रास्ता,
यहां अपनी अलग पहचान है,
ये कल्पना की उड़ान है,

65. कई दिनों से ,

कई दिनों से मेरी कलम ने,

नहीं उगली है मोहब्बत की इबारतें,

ना ही दर्द के सागर में गोता लगाया है कई दिनों से,

मेरी कलम की रगों में,

नहीं दौड़ता अब स्याही ख़ून बनकर,

न महसूस किया है तुमको अपने नोक के नीचे कई दिनों से

आजकल ये भी खामोश रहता है उन परिंदों की तरह,

जो आंधियों में बिछड़कर खो गया है अपनी मोहब्बत से

रहता हैं बेकरार ये खोकर करार कई दिनों से,

इसने लिखे थे कभी सुलझी हुई सी नगमे,

मेरी ग़ज़लों में भी लाया था तुम्हें किसी बहाने से,

धड़कता नहीं है अब दिल इसका भी तेरी याद में,

मेरे रिश्तों का भी ये ख्याल नहीं रखता पागल,

जिसको तोड़ना नहीं है इसके वश में,

मेरे हाथों में न आया,ना ही मेरे दिल में समाया,

नाराज़ सा रहता है नासमझ कई दिनों से,

कई दिनों से मेरी कलम ने,

नहीं उगली है मोहब्बत की इबारतें,,

66. उसूल होंगे अब भी,

तुम्हारे शहर में मेरे कुछ उसूल होंगे अब भी,
तुम्हारे दामन में मेरे रखें कुछ फूल होगें अब भी,
सुना है तेरे दर से खाली लौटा नहीं कोई अब तक,
एक दुआ मेरी तुझसे क्या कबूल होगें अब भी,,
मुझको चाहना तेरी सबसे बड़ी भूल थी,
बाद मुद्दत के क्या वो भूल होंगे अब भी,
तुम्हारे शहर में मेरे कुछ उसूल होंगे अब भी,
गुज़रे तेरे दर से कई कारवां कई मंजिलें,
पर तेरे चौखट पर मेरे कदमों के धूल होंगे अब भी,
तुम्हारे शहर में मेरे कुछ उसूल होंगे अब भी,,
आंगन में किसी के रहते हो फूलों की तरह हरदम,
पर दिल में मेरी यादों के शूल होंगे अब भी,
बूलबूल अब भी चहकते होंगे तेरी शहर की गलियों में,
एक मैं ही नहीं तो क्या वहां कई गुल होंगे अब भी,
तुम्हारे शहर में मेरे कुछ उसूल होंगे अब भी,
तुम्हारे दामन में रखें मेरे कुछ फूल होगें अब भी,,

67. शहर की गलियां,

तुम्हारे शहर की गलियां,
हमारे दिल में बसती है,
वहां तुम मुस्कुरा रहे हो,
यहां मेरी जान तरसती है,
हजारों कोशिश करता हूं,
मिटा दूं दिल से हर मंज़र,
लहू बनकर ये मेरे दिल में,
मेरे रगों में बहती है,
हजारों मिल बैठा हूं तुम्हारे शहर से सोचो,
मगर मेरे सांसों में छाई है,
वो तेरे सांसों की मस्ती है,
तुम्हारे शहर की गलियां,
हमारे दिल में बसती है,
न हम अब भी भूलें है,
चौराहे चौक पर मिलना,
ये हमारे दिल पे तुम्हारे दिल का शहर परस्ती हैं
समंदर तेरी आंखों का डूबा देगी हमें एक दिन,
हमारे पास न पतवार है न कोई कश्ती है,
तुम्हारे शहर की गलियां,
हमारे दिल में बसती हैं,,
गिला तुमसे न तेरे शहर की गलियों से मुझको है,
है मेरा दोष की हूं दूर इसमें मेरी व्यस्ती है,
तुम्हारे शहर की गलियां,

68. कुछ गलतियां,

बेबसी, बेचैनी बेकरारी,
हर दिले नादान से होती है,
कुछ गलतियां तो हर इंसान से होती है,
हमको ना कह दिया तो कौन सी गुनाह कर दी,
प्यार का पथिक तो अभी नया नया सा हूं,
कुछ बेवकूफियां तो हर अंजान से होती है,
भला बच सका है कौन प्यार की बाहुपाश से,
हर काल में ये होती आई है और होगी,
सीताराम, राधाकृष्ण प्यार तो हर भगवान से होती है,
कुछ गलतियां तो हर इंसान से होती है,
मिटा दिया है अब पुरानी लकीरों को,
कुछ नया करने को अब ये दिल मचलता है,
नाम किसी का भी एक अलग पहचान से होती है,
कुछ गलतियां तो हर इंसान से होती है,,

69. भ्रम ,

जिन्दा है,तो जिन्दा होने का भ्रम पाले रख,
तूफान में भी तू अपनी कश्तियों को संभाले रख,
हमें तो चाहत सी हो गई है इन अंधेरों से,
तू अपने पास मेरी जिंदगी के भी उजाले रख,,
चल रहे हो बेशक तुम फूल भरी राहों पर,
पर यादों के मंजर में तू हमेशा पांव के छाले रख,
तेरी ख़ामोशी है बेहतर तेरे सारे बेबाकपन से,
बन जाये ना कोई कहानी तू अक्सर मुंह पर ताले रख,
कभी आना तुम मिलने मुझसे मेरी गलियों में,
हर मोड़ पर मिल जाऊंगा तेरी हर रंगरलियों में,
ग़म मुझको तुम दे देना तू खुशियां अपने पाले रख,
ज़िन्दा है तो जिन्दा होने का भ्रम पाले रख,
कभी उल्फत के दौर में आवाज़ मुझे तुम देना,
हर हाल में आऊंगा मेरी बात समझ लेना,
चाहे तो मेरी किस्मत मेरी जिंदगी अपने हवाले रख,
तूफान में भी तू अपनी कश्तियों को संभाले रख,

70. जो कभी मेरा था,

तेरी आंखों का वो प्यार,
तेरा वो खुबसूरत संसार,
तेरी पायल की झंकार,
आज और किसी का है,
जो कभी मेरा था,,
तेरी बाहों का वो हार,
तेरी वो मीठी तकरार,
तेरा वो सजना संवरना,
तेरा सोलह श्रृंगार,,
आज और किसी का है,
जो कभी मेरा था,,
तेरी माथे की वो बिंदिया,
तेरी आंचल का वो दुलार,
तेरी पलकों का वो ख्वाब,
तेरा हल्का हल्का इंकार,
आज और किसी का है,
जो कभी मेरा था,,